Vente du Mercredi 12 Avril 1899

ESTAMPES

Anciennes et Modernes

AQUARELLES, DESSINS

Mr Maurice DELESTRE	M. L. DUMONT
COMMISSAIRE-PRISEUR	EXPERT, MARCHAND D'ESTAMPES
Rue Saint-Georges, 5	*Rue Laffitte, 27*

PARIS — 1899

IMPRIMERIE MAULDE ET RENOU

MAULDE, DOUMENC & Cie

IMPRIMEURS DE LA COMPAGNIE DES COMMISSAIRES-PRISEURS

Rue de Rivoli, 144

ESTAMPES MODERNES

Gravures, Lithographies, Eaux-Fortes

BONINGTON, COROT, FORTUNY, GAILLARD, LUNOIS

MEISSONIER, TH. ROUSSEAU

ŒUVRE DE J.-F. MILLET

ESTAMPES ANCIENNES

CALLOT, DEMARTEAU, WATTEAU, WILLE, ETC.

AQUARELLES, DESSINS

BONINGTON, DAUBIGNY, J.-F. MILLET

CARICATURES

DONT LA VENTE AUX ENCHÈRES PUBLIQUES AURA LIEU

HOTEL DES COMMISSAIRES-PRISEURS

RUE DROUOT, N° 9, SALLE N° 8

Le Mercredi 12 Avril 1899

A DEUX HEURES PRÉCISES

Par le ministère de Me **Maurice DELESTRE**, Commissaire-Priseur
rue Saint-Georges, 5

Assisté de **M. L. DUMONT**, Expert, Marchand d'Estampes
rue Laffitte, 27

PARIS — 1899

CONDITIONS DE LA VENTE

Elle sera faite au comptant.

Les Acquéreurs paieront CINQ POUR CENT en sus des enchères.

L'Ordre du Catalogue sera suivi.

MM. les Amateurs pourront visiter la Collection chez M. L. DUMONT, 27, rue Laffitte, *pendant les huit jours qui précèdent la vente, de une heure à six heures du soir.*

M. L. DUMONT *se charge des commissions des personnes qui ne pourraient assister à la vente.*

MAULDE, DOUMENC et Cie, imprimeurs de la Compagnie des Commissaires-Priseurs, rue de Rivoli, 144. 600—80296

DÉSIGNATION

ESTAMPES ANCIENNES ET MODERNES

ADAM (V.)

1 — Prise de l'Hôtel de Ville. — Prise de la caserne de Babylone. — Marche sur Rambouillet.

Trois pièces, très belles épreuves.

ALASONNIÈRE

2 — Portrait de J. F. Millet.

Très belle épreuve d'artiste.

ANONYME

3 — Un Feu d'artifice, petite pièce ronde, en couleur.

Très belle épreuve.

4 — Bataille du premier Empire, lithographie.

Très belle épreuve sur Chine.

APPIAN (A.)

5 — Le Lac d'Arandon. — Port de Gènes.

Deux pièces, très belles épreuves d'artiste sur Japon. Signées.

C. B. (1531)

6 — David devant Saül.

Très belle épreuve.

2.

C. B. (1531)

7 — Le Criminel obtenant sa grâce.

Très belle épreuve.

BÉGA (Corneille)

8 — L'Homme au manteau court (cat. Bartsch, 8). — La Fumeuse (11). — La Vieille tenant un grand pot (12). — Le Fumeur (13). — Le Buveur (16). — Le Paysan au chapeau bas (17). — Le Paysan à la fenêtre (19). — Le Paysan allumant sa pipe (20). — L'Assemblée près de la cheminée (23).

Neuf pièces, très belles épreuves.

9 — Les deux Amoureux (25). — La Mère (28). — Les trois Buveurs (29).

Trois pièces, très belles épreuves.

10 — La Mère au cabaret (31). — La vieille Aubergiste (32). — La jeune Cabaretière caressée (34).

Trois pièces, très belles épreuves.

BELLAY

11 — Jemmapes, d'après Horace Vernet

Très belle épreuve sur Chine.

BODMER (K.)

12 — Le Matin. — Le Soir. Lithographies originales.

Deux pièces, très belles épreuves.

BOISSIEU (J.-B. de)

13 — Le Pont de bois. — Le Repos des travailleurs.

Deux pièces, très belles épreuves.

BOISSIEU (J.-B DE)

14 — Les grands Charlatans, d'après KARLE DU JARDIN.

Très belle épreuve.

BONINGTON (R. P.)

15 — Rue du Gros-Horloge, à Rouen (cat. H. Béraldi, 1).

Très belle épreuve sur Chine.

16 — Église Saint-Gervais et Saint-Protais, à Gisors (2).

Très belle épreuve sur Chine.

17 — Tour aux Archives, à Vernon (3).

Très belle épreuve sur Chine.

18 — Tour du gros Horloge, à Evreux.

Très belle épreuve sur Chine.

BOSCH (GÉRÔME)

19 — Mendiants et Grotesques, gravé par A..., 1509.

Très belle épreuve. Rare.

BOSIO (D'après)

20 — Vue de la façade de la cathédrale de Milan, par RADOS; pièce très intéressante, publiée à Londres chez Colnaghi.

Très belle épreuve en couleur.

BOSSE (A.)

21 — Louis XIII en prières.

Très belle épreuve.

BRACQUEMOND (F.)

22 — Boissy-d'Anglas à la Convention, d'après E. Delacroix.

Très belle épreuve avec les mots : « Bracquemond, d après E. Delacroix », gravés à la pointe, sur Japon.

23 — La même estampe.

Très belle épreuve du même état, sur Japon.

24 — La même estampe.

Très belle épreuve d'artiste avec la lettre B dans le coin à gauche, sur Japon.

BRY (Th. de)

25 — La Fontaine de Jouvence, d'après H. Béham.

Belle épreuve.

26 — Emblemata secularia mira.

Deux pièces, très belles épreuves.

CALLOT (J.)

27 — Les Images de tous les saincts et sainctes de l'année suivant le martyrologe Romain, faictes par Jacques Callot, et mises en lumière par Israël Henriet. Dédiées à Monseigneur l'Éminentissime cardinal duc de Richelieu. A Paris, chez Israël Henriet, avec privilège du Roy, 1636.

Suite complete de quatre cent quatre-vingt-dix pièces, en un volume, superbes épreuves.

28 — Les Martyrs du Japon.

Très belle épreuve du premier état.

29 — Débarquement de troupes.

Très belle épreuve du premier état.

CALLOT (J.)

30 — Le Sauveur, la Sainte-Vierge, les douze Apôtres et saint Paul. Suite complète de seize pièces.

Très belles épreuves du 2e état avant les numéros. Rare.

31 — Les Gueux. Suite complète de vingt-cinq pièces.

Très belles épreuves.

CARICATURES

32 — **Journal « La Caricature »,** grandes planches, par Grandville, Traviès, Raffet, Daumier, etc.

Cinquante-sept pièces en noir et coloriées.

33 — **Journal « La Caricature »**, lithographies par Daumier, Grandville, Traviès, Raffet, Gavarni, etc.

Deux cent quatre-vingt-dix pièces en noir et coloriées.

34 — **Association mensuelle.** Analyse de la Pensée. — Sur mon honneur et sur ma conscience. — Grande Revue passée par « la Caricature ». — Grande Vendange du budget. — La Fenaison. — L'Échenillement et les Semailles. — Grenier d'abondance. — 1834, Soirée républicaine. — Tas d'poupées, voulez-vous danser? — Élévation de la Poire. — Zin! Zin! Baoum! — Grand Banquet monarchique et antinational. — Enfants, croyez-moi, ne jouez pas avec ces armes-là.

Treize pièces, belles épreuves.

35 — **Caricatures politiques** sur Louis-Philippe, Napoléon, etc.

Quatorze pièces, belles épreuves.

36 — Le Français constitutionnel quand même. — L'Anglais né libre.

Deux pièces en couleurs, belles épreuves.

CHARLET (D'après)

37 — Après vous, Sire, par Maile. — On ne passe pas, par Reynolds.

Deux pièces, très belles épreuves avant la lettre, sur Chine.

CHEVILLET

38 — La Santé portée. — La Santé rendue; d'après Terburg.

Deux pièces, très belles épreuves. Encadrées.

COROT

39 — Paysage d'Italie (cat. H. Béraldi, 7).

Très belle épreuve d'artiste sur Japon.

40 — Campagne boisée (8).

Très belle épreuve d'artiste sur Japon.

COURTRY (Ch.)

41 — Milton dictant le « Paradis perdu » à ses filles, d'après Munkacsy.

Très belle épreuve d'artiste sur Japon. Signée.

COUSINS

42 — The Right Honorable Lord Abinger, d'après Shee, Sir Robert Walpole.

Deux pièces, très belles épreuves dont une d'artiste.

CUMANO

43 — Portrait de F. Barbieri, d'après Rembrandt.

Belle épreuve.

DASSONEVILLE

44 — Intérieur de grange. — Vieillard lisant la Gazette.

Deux pièces, très belles épreuves.

DAUBIGNY (Ch.)

45 — Le Parc à moutons, le matin.

Très belle épreuve d'artiste.

DEBLOIS (C.-T.)

46 — Révolte de Pavie, d'après Boutigny.

Très belle épreuve d'artiste. Signée du peintre et du graveur.

DELAUNEY (A.)

47 — La rue du Gros-Horloge, à Rouen, d'après Bonington.

Très belle épreuve d'artiste sur Japon. Signée.

48 — La Cathédrale de Rouen, d'après Bonington.

Très belle épreuve d'artiste avec remarque. Signée.

DEMARTEAU

49 — Pastorale, d'après Boucher.

Très belle épreuve.

50 — Les premiers Pas, d'après Boucher, aux trois crayons.

Très belle épreuve.

51 — Les Laveuses, d'après Boucher.

Très belle épreuve.

52 — Intérieur de Cuisine, d'après Boucher.

Très belle épreuve.

DEMARTEAU

53 — L'Appel, d'après Boucher.

Très belle épreuve.

54 — Étude de Têtes, d'après Van Loo, aux trois crayons.

Très belle épreuve.

DETAILLE (E.)

55 — Chasseur à cheval, de profil. — Chasseur à cheval, vu de dos.

Deux pièces, très belles épreuves d'artiste sur Japon.

DETAILLE, CLAIRIN

56 — Chargez ! — Après le Bal.

Deux chromotypogravures.

DIVERS

57 — **Jeux de l'Oye.** Jeu Royal et Géographique des Départements de la France. — Grand Jeu de l'Histoire de Rome. — Récréation spirituelle. — Jeu des Ecoliers. — Jeu historique de la vie de Napoléon ; à Paris, chez Langlumé.

Neuf pièces.

58 — Bals publics ; lithographies.

Deux pièces, en couleur.

59 — **Vues d'optique** : Paris, Versailles, Rome, etc.

Vingt-huit pièces.

60 — Un Trompe-l'OEil, assignats.

Très belle épreuve.

DREVET

61 — Louis de Lavergne de Tressan, archevêque de Rouen.

Très belle épreuve avant toutes lettres. Rare.

DURER (A.)

62 — Le Christ au jardin des Oliviers. — Saint Elie, bois.

Deux pièces, belles épreuves.

FEUCHÈRE (D'après)

63 — Chemin de la Croix, par Pascal.

Suite complète de quatorze lithographies ; très belles épreuves.

FLAMENG (Léop.)

64 — La Ronde de nuit, d'après Rembrandt.

Très belle épreuve d'artiste avec les noms à la pointe.

FORTUNY (M.)

65 — Arabe veillant le corps de son ami (Cat. H. Beraldi, 1).

Très belle épreuve.

66 — La même estampe.

Très belle épreuve.

67 — Kabyle mort (2).

Très belle épreuve d'artiste.

68 — La même estampe.

Très belle épreuve.

69 — Marocain assis (19).

Très belle épreuve.

FORTUNY (M.)

70 — L'Anachorète.

Très belle épreuve avec les salissures dans les marges.

GAILLARD (F.)

71 — Horace Vernet, d'après P. Delaroche (Cat. H. Béraldi, 9).

Très belle épreuve d'artiste avec les noms à la pointe, sur Chine.

72 — Mistral, d'après Hébert (12).

Très belle épreuve d'artiste.

73 — L'Homme à l'Œillet, d'après Van Eyck (25).

Très belle épreuve.

74 — Saint Sébastien (34).

Très belle épreuve d'artiste sur Japon. Signée.

75 — Mgr de Mérode.

Très belle épreuve d'artiste sur Chine. Signée.

GARNERAY

76 — Vue de Rouen. — Vue du port de Lorient. — Vue de la ville et du port de Marseille.

Trois pièces, très belles épreuves.

GAUJEAN

77 — L'Abandonné, d'après Deschamps, en couleur.

Très belle épreuve d'artiste sur Japon. Signée.

78 — Jeune Fille, d'après Greuze, en couleur.

Très belle épreuve d'artiste sur Japon. Signée.

GAVARNI (D'après)

79 — Types parisiens et divers, par Rouargue.

Seize pièces, très belles épreuves dont deux avant la lettre, sur Chine.

GUYOT

80 — Hôtel des Archives, d'après Testard, en couleurs.

Très belle épreuve.

J. G. H.

81 — Le Marchand d'Orviétan.

Belle épreuve.

HOPPFER (D.)

82 — Un Officier allemand et quatre Soldats.

Belle épreuve.

HUET (Attribué à P.)

83 — Cathédrale d'Amiens et bords de la Somme.

Très belle épreuve d'artiste.

ISABEY (J.)

84 — Escalier de la grande tour du château d'Harcourt.

Très belle épreuve sur Chine.

JACQUE (Ch.)

85 — Paysage, Chaumières (Cat. Guiffrey, 237). — La Fuite en Egypte (264). — L'Ecurie (265).

Trois pièces, très belles épreuves d'artiste.

JACQUEMART (J.)

86 — Le Soldat et la Fillette qui rit, d'après Van der Meer.

Très belle épreuve d'artiste.

JACQUEMART (J.)

87 — Le premier Baiser, d'après Fragonard.

Très belle épreuve d'artiste sur parchemin. Encadrée.

JEAN (A Paris, chez)

88 — Machine infernale de Fieschi.

Très belle épreuve, toutes marges. Rare.

KLENGEL

89 — Paysages ; suite de quatre pièces d'après Dietrich.

Très belles épreuves.

90 — Paysages ; autre suite de quatre pièces d'après Dietrich.

Très belles épreuves.

LAMOTTE (A.)

91 — Les Bergers d'Arcadie, d'après Poussin.

Très belle épreuve d'artiste avec remarque sur Japon. Signée.

LAURENS (J.)

92 — La Fée aux Joujoux, d'après Diaz.

Très belle épreuve sur Chine.

LAWRENCE

93 — The Lady Georgina Gordon, par C. Lewis.

Très belle épreuve.

LE CAMPION

94 — Vue de l'intérieur des Enfants-Trouvés, d'après Testard, en couleur.

Très belle épreuve.

LECOMTE (H.)

95 — Femme des environs de Rome. — Paysanne des environs de Milan.

Deux pièces, très belles épreuves coloriées.

LEVACHER

96 — Le Départ du Chasseur, d'après Carle Vernet.

Très belle épreuve.

LEVASSEUR

97 — Ma sœur n'y est pas... d'après Hamon.

Très belle épreuve avant la lettre, sur Chine.

LITHOGRAPHIES

98 — **Vues de Rouen**, par divers.

Vingt-six pièces, très belles épreuves sur Chine.

99 — Le Mont Saint-Michel, plans et vues par E. Ciceri.

Vingt-huit pièces, très belles épreuves.

100 — Vues de Normandie, par Emile Sagot.

Vingt-quatre pièces, très belles épreuves sur Chine.

101 — Lithographies par et d'après Decamps, Delacroix, Diaz, Goya, Mouilleron, etc.

Six pièces, belles épreuves.

102 — Lithographies et Eaux-Fortes, par et d'après Appian, Couture, Goya, Hédouin, Marvy, Pirodon, Tournemine, etc.

Douze pièces, belles épreuves.

LUNOIS (A.)

103 — Nocturne, d'après Cazin (Cat. H. Béraldi, 4).

Très belle épreuve d'artiste sur Chine volant. Signée.

LUNOIS (A.)

104 — Une réunion publique à la salle Graffard (7), d'après BÉRAUD.

Très belle épreuve d'artiste sur Japon. Signée.

105 — Au bord du Zuiderzée.

Très belle épreuve d'artiste sur Chine collé. Signée.

106 — Femme arabe préparant le cousscouss.

Très belle épreuve d'artiste sur Chine. Signée.

107 — Fileuse marocaine.

Très belle épreuve d'artiste sur Chine.

108 — Convalescente.

Très belle épreuve d'artiste sur Chine. Signée.

109 — Hollandaise de Volendam.

Très belle épreuve d'artiste.

110 — Hollandaise tricotant (adresse d'E. SAGOT).

Deux pièces, belles épreuves.

MADOU (J.-B.)

111 — Le Journal.

Très belle épreuve d'artiste.

MAILLARD

112 — La foire de Guibray, en Normandie, d'après l'estampe de N. COCHIN.

Très belle épreuve.

MANET (ED.)

113 — Le Corbeau, suite de six lithographies originales, texte d'Edgar POE, traduction de Stéphane MALLARMÉ.

Bel exemplaire, dans la couverture de publication.

MARCENAY DE GUY (De)

114 — Le Château de cartes, d'après Chardin.

Très belle épreuve.

MARTIAL (P.)

115 — Mare sous bois.

Très belle épreuve d'artiste sur Japon.

MEISSONIER (E.)

116 — Le grand Fumeur.

Très belle épreuve sur Chine.

117 — Polichinelle.

Très belle épreuve.

118 — Annibal.

Très belle épreuve d'artiste sur Japon. Signée du monogramme.

119 — L'Homme à l'Épée.

Très belle épreuve d'artiste sur Japon. Signée du monogramme.

MEISSONIER (D'après)

120 — Le Fumeur flamand, par Rajon.

Très belle épreuve d'artiste sur Chine volant.

121 — La Chanson, par Vion.

Très belle épreuve d'artiste avec remarque, sur satin.

MELLAN (Cl.)

122 — Le Cardinal de Richelieu.

Très belle épreuve du 1er état.

123 — Le Christ expire sur la croix. — Allégorie.

Deux pièces, belles épreuves.

MIGER

124 — Translation des cendres de Voltaire au Panthéon, d'après Lagrenée.

Belle épreuve.

MILLET (J.-F.)

125 — L'Homme appuyé sur sa bêche (Cat. A. Lebrun, 4).

Très belle épreuve sur papier ancien.

126 — Les deux Vaches (5).

Très belle épreuve sur papier ancien.

127 — Mouton paissant (6).

Très belle épreuve du 1er état sur papier ancien. Rare.

128 — Croquis (7).

Très belle épreuve sur papier vert, tirage à dix épreuves.

129 — La même estampe.

130 — Croquis divers (8).

Très belle épreuve sur papier ancien, tirage à dix épreuves

131 — Ramasseurs de varech (9).

Très belle épreuve sur papier ancien, tirage à dix épreuves.

132 — La Couseuse (10).

Très belle épreuve sur Chine.

133 — La Femme qui bat le beurre (11).

Très belle épreuve sur papier ancien.

134 — Les Bêcheurs (14).

Très belle épreuve.

135 — La Veillée (15).

Superbe épreuve. Rare.

MILLET (J.-F.)

136 — La Cardeuse (16).

Superbe épreuve. Rare.

137 — La Gardeuse d'oies (17).

Très belle épreuve sur Chine volant. Très rare.

138 — La Femme faisant manger son enfant (18).

Très belle épreuve sur Chine.

139 — Le Départ pour le travail (20).

Très belle épreuve du 2e état. Rare.

140 — La Fileuse (21).

Très belle épreuve sur Chine volant.

141 — Olivier de Serres (24), lithographie.

Belle épreuve.

142 — Femme vidant un seau (26); héliographie sur verre.

Très belle épreuve. Rare.

143 — Femme vidant un seau (32); bois.

Très belle épreuve.

144 — Bêcheur au repos (34); bois.

Très belle épreuve.

145 — Bêcheur au travail (30); bois.

Très belle épreuve.

MILLET (D'après)

146 — Son portrait, par Alasonnière.

Deux pièces, très belles épreuves d'artiste dont une sur Japon.

147 — Les Travaux des champs, par H.-E. Lessore; suite complète de dix pièces et un titre.

Très belles épreuves, dans la couverture de publication.

MILLET (D'après)

148 — Clair de lune, par Focillon.

Très belle épreuve d'artiste avec remarque sur parchemin. Signée.

149 — La Fin de la journée, par Coutil.

Très belle épreuve d'état avec remarque.

150 — L'Église de Gréville, par Gaulit.

Très belle épreuve d'artiste avec remarque sur parchemin. Signée.

MONGIN (A.)

151 — Le Christ devant Pilate, d'après Munkacsy.

Très belle épreuve d'artiste avec remarque sur Japon. Signée.

MORIN

152 — Portrait de A. Vitré.

Belle épreuve.

PASSE (Crispin de)

153 — Adolescence et Virilité.

Deux pièces, très belles épreuves.

PICART (B.)

154 — Emblèmes.

Deux pièces, belles épreuves.

PORTRAITS

155 — Paganini, six portraits différents.

Très belles épreuves.

156 — Beethoven. — Berlioz. — Viotti, etc.

Cinq pièces, belles épreuves.

QUENEDEY-MASSARD

157 — Portraits de Kreutzer. — F. Habeneck.

Deux pièces, belles épreuves.

REMBRANDT

158 — Les Pèlerins d'Emmaüs (cat. Bartsch, 88).

Très belle épreuve.

159 — Saint Jérôme en méditation (105).

Belle épreuve.

160 — Le Dessinateur (130).

Deux pièces, belles épreuves.

161 — Cornelius Sylvis (266).

Belle épreuve.

162 — La Fuite en Egypte (55).

Belle épreuve.

163 — Saint Jérôme à genoux (102).

Belle épreuve.

ROSA BONHEUR (D'après)

164 — L'Abreuvoir. — Pâturage nivernais ; par Soulange TEISSIER.

Deux pièces, très belles épreuves sur Chine.

165 — Chien limier. — Cheval breton ; par Soulange TEISSIER.

Deux pièces, très belles épreuves sur Chine.

ROPS (F.)

166 — Gaspard de la Nuit. Portrait d'Octave Uzanne, par E. GAUJEAN.

Deux pièces, belles épreuves.

ROUSSEAU (Th.)

167 — Le Chêne de Roches.

Très belle épreuve du 2e état sur papier ancien.

168 — Le Cerisier de la Plante à Biau, héliographie sur verre.

Très belle épreuve. Rare.

169 — La Plaine de la Plante à Biau, héliographie sur verre.

Très belle épreuve. Rare.

SADELER

170 — Charles de Longueval.

Très belle épreuve.

SAVERY

171 — Buste de vieillard, d'après Liévens.

Très belle épreuve.

SCHALKEN

172 — Portrait de Gérard Dow.

Belle épreuve.

SIXDENIERS

173 — Portrait de Arago, d'après Ary Scheffer. — L'Infante Marguerite, d'après Velasquez.

Deux pièces, belles épreuves, dont une d'artiste.

SOCIÉTÉ DES AQUAFORTISTES

174 — Eaux-fortes modernes. Première année. Préface de Théophile Gautier. Soixante eaux-fortes originales en épreuves d'artiste, par Bracquemond, Chauvel, Daubigny, Jongkind, Lalanne, Legros, Manet, Ribot. *Chez Cadart et Luquet, Paris.* En un volume relié, non rogné.

SOCIÉTÉ DES AQUAFORTISTES

175 — Eaux-fortes modernes. Deuxième année. Préface de Jules Janin. Soixante eaux-fortes originales en épreuves d'artiste, par APPIAN, BRACQUEMOND, CHAPLIN, HERVIER, JACQUEMART, MANET, etc. *Chez Cadart et Luquet, Paris*. En un volume relié, non rogné.

176 — Eaux-fortes modernes. Troisième année. Préface par W. Burger. Soixante eaux-fortes originales en épreuves d'artiste, par BRACQUEMOND, CHAPLIN, LALANNE, LEGROS, MERYON, ROYBET, etc. *Chez Cadart et Luquet, Paris*. En un volume relié, non rogné.

177 — Eaux-fortes modernes. Quatrième année. Préface de Castagnary. Soixante eaux-fortes originales en épreuves d'artiste, par CHAUVEL, COROT, DELACROIX, FEYEN-PERRIN, MICHELIN, etc. *Chez Cadart et Luquet, Paris*. En un volume relié, non rogné.

178 — Eaux-fortes modernes. Cinquième année. Préface de E. Montrosier. Soixante eaux-fortes originales en épreuves d'artiste, par BRACQUEMOND, COROT, CHAPLIN, CHAUVEL, JONGKIND, LALANNE, VEYRASSAT, etc. *Chez Cadart et Luquet, Paris*. En un volume relié, non rogné.

SOCIÉTÉ DES AQUAFORTISTES FRANÇAIS

179 — **Album du Salon de 1886.** Préface de Émile Bergerat. Trente et une eaux-fortes et un portrait par COURTRY, GAUJEAN, LAGUILLERMIE, LEFORT, RUET, WALTNER, etc., d'après BARILLOT, BENJAMIN CONSTANT, BERNIER, HENNER, Jean-Paul LAURENS. Exemplaire sur Japon portant le n° 15; épreuves d'artiste avec remarque.

SOCIÉTÉ DES AQUAFORTISTES FRANÇAIS

179 *(suite)* — **Album du Salon de 1887.** Préface de Philippe Burty. Trente eaux-fortes et un portrait. Exemplaire sur Japon portant le n° 28, avec les épreuves en double état.

Album du Salon de 1888. Préface par Maurice Du Seigneur. Trente eaux-fortes et un portrait. Exemplaire sur Japon portant le n°. 28, avec les épreuves en double état.

TIEPOLO (G.-V.)

180 — Saint Pierre Regalatus.

Très belle épreuve.

TISSOT (J.)

181 — Soir d'été.

Très belle épreuve d'artiste sur papier ancien. Signée.

TOUSSAINT

182 — Premières fleurs, d'après CHAPLIN.

Très belle épreuve d'artiste sur Japon. Signée du peintre et du graveur.

TURNER

183 — Lieutenant général The Honorable Henry Edward Fox, d'après T. Philipps.

Très belle épreuve.

VALLOTON, CHÉRET

184 — Adresse d'Ed. Sagot. — Pastilles Géraudel.

Trois pièces.

VAN DE VELDE

185 — Jacob Zaffius, d'après F. HALS.

Belle épreuve.

VERNIER (E.)

186 — L'Étang de Gilieu. — L'Ile de Vaux à Auvers, d'après DAUBIGNY.

Deux pièces, très belles épreuves.

VISCHER

187 — Les Évangélistes, trois pièces, d'après de GHEYN.

Très belles épreuves.

VLIET (VAN)

188 — Buste d'Homme. — Buste de Vieillard. — Buste d'un Oriental, d'après REMBRANDT.

Trois pièces, très belles épreuves.

WALTNER (CH.)

189 — L'Angelus, d'après J.-F. MILLET.

Très belle épreuve d'artiste sur Japon. Signée et timbrée.

WARD

190 — Girl and Pigs, d'après MORLAND.

Très belle épreuve en couleur.

WATTEAU (A.)

191 — Un Homme accoudé. — Jeune Femme marchant vers la gauche. — Un Homme appuyé.

Trois pièces, très belles épreuves d'artiste du 3e état.

192 — Les Champs-Élysées, par N. TARDIEU.

Belle épreuve.

193 — Rendez-vous de chasse, par AUBERT.

Très belle épreuve.

194 — Le Bosquet de Bacchus, par N. COCHIN.

Belle épreuve.

WATTEAU (A.)

195 — Retour de campagne, par N. Cochin.
Très belle épreuve.

196 — Alte, par J. Moyreau.
Très belle épreuve.

197 — Recrue allant joindre le régiment, par Thomassin.
Très belle épreuve.

198 — Scène champêtre.
Très belle épreuve d'artiste à l'eau-forte pure.

199 — L'Accordée de village.
Très belle épreuve à l'eau-forte pure.

200 — Modes et Costumes.
Six pièces, très belles épreuves.

WILLE (J.-G.)

201 — Portrait de Abel François Poisson, marquis de Marigny, d'après Tocqué.
Très belle épreuve, grandes marges.

202 — Portrait de J.-B. Massé, d'après Tocqué.
Très belle épreuve, grandes marges.

203 — La Dévideuse, d'après Gérard Dow.
Très belle épreuve avec les armes, grandes marges.

204 — La Tante de Gérard Dow.
Très belle épreuve du 3e état avec les armes et avant toute lettre.

WINTERHALTER

205 — Portrait de Paganini. Lithographie originale.
Très belle épreuve.

ZETTER

206 — Frontispice pour le Catalogue de la Bibliothèque de David d'Orange.
Très belle épreuve.

AQUARELLES, DESSINS

BIGOT (G.)

207 — Garde impériale; trompette de grenadiers.

Aquarelle.

BONINGTON (R.-P.)

208 — Paysage.

Aquarelle. Signée.

CICÉRI

209 — Paysage avec ruines.

Dessin à la sépia.

CLÉRIAU (TH.-J.)

210 — Moine en prière.

Dessin à la sépia. Signé.

DAUBIGNY (CH.)

211 — Saulaie.

Dessin à la sanguine.

212 — Paysage.

Fusain. Signé et daté 1865.

FRAGONARD

213 — Études.

Deux dessins à la sanguine.

GUDIN

214 — Marine.

Aquarelle. Signée et datée 1848.

GUERCHIN

215 — La Douleur.

Dessin à la plume et au lavis.

MILLET (J.-F.)

216 — Femme nue vue de dos, assise, sous bois.

Dessin au crayon noir.

217 — Les Ramasseurs de pommes de terre.

Dessin au crayon noir.

218 — Femme fuyant avec un enfant.

Dessin au crayon noir.

MILLET (J.-B.)

219 — Maison natale de J.-F. Millet, au hameau de Gruchy (Manche).

Dessin au crayon noir. Signé.

POIRSON (M.)

220 — Au fil de l'eau.

Dessin à la plume.

RENOUARD (P.)

221 — Un Habitué de la Préfecture.

Dessin à la plume. Signé.

TRAVIÈS (C.-J.)

222 — Un Déclassé.

Aquarelle.

www.ingramcontent.com/pod-product-compliance
Ingram Content Group UK Ltd.
Pitfield, Milton Keynes, MK11 3LW, UK
UKHW032020260826
14628UKWH00006B/2619

9 782329 410067